AF313735

COLLECTION
DE FEU
M. JACQUES REISET

TABLEAUX
ANCIENS ET MODERNES

LITHOGRAPHIES
ŒUVRES DE CHARLET
Albums divers, par Raffet, Bellangé, etc.

OBJETS D'ART ET CURIOSITÉS

Vente par suite de décès

HOTEL DROUOT, SALLE N° 8
Les Vendredi 29 et Samedi 30 Avril 1870
A DEUX HEURES PRÉCISES.

EXPOSITIONS :

PARTICULIÈRE	PUBLIQUE
Le Mercredi 27 Avril 1870.	*Le Jeudi 28 Avril 1870.*

DE UNE HEURE A CINQ HEURES.

COMMISSAIRE-PRISEUR :
M⁰ CHARLES PILLET, 10, RUE GRANGE-BATELIÈRE.

EXPERTS :

M. FRANCIS PETIT	M. CHARLES MAN HEIM
7, rue Saint-Georges.	rue Saint-Georges, 7.

TABLEAUX

ANCIENS ET MODERNES

LITHOGRAPHIES

ŒUVRES DE CHARLET

Albums divers, par Raffet, Bellangé, etc.

OBJETS D'ART ET CURIOSITÉS

Vente par suite de décès

HOTEL DROUOT, SALLE N° 8

Les Vendredi 29 et Samedi 30 Avril 1870

A DEUX HEURES PRÉCISES.

EXPOSITIONS :

PARTICULIÈRE	PUBLIQUE
Le Mercredi 27 Avril 1870.	*Le Jeudi 28 Avril 1870.*

DE UNE HEURE A CINQ HEURES.

COMMISSAIRE-PRISEUR :

M⁰ CHARLES PILLET, 10, RUE GRANGE-BATELIÈRE.

EXPERTS :

M. FRANCIS PETIT	M. CHARLES MANNHEIM
7, rue Saint-Georges.	rue Saint-Georges, 7.

CONDITIONS DE LA VENTE

Elle sera faite au comptant.

Les adjudicataires **payeront** *cinq pour cent* en sus des enchères.

Paris. — Imp. A. PILLET fils aîné, rue des Grands-Augustins 5.

TABLEAUX ANCIENS

ANGUISCIOLA

(SOPHONISBE)

1 — **Son portrait peint par elle-même.** Vue à mi-corps et vêtue d'un riche costume brodé, elle tient à la main un éventail.

Haut., 1 met., 30 cent.; larg , 96 cent.

BOURGUIGNON

(JACQUES-COURTOIS)

2 — **Siége d'une ville.**

Des troupes assiègent une ville que l'on aperçoit au loin. Le combat est engagé dans la plaine qui entoure les remparts.

Haut., 80 cent.; larg., 1 met., 30 cent.

BREUGHEL

(JEAN)

3 — La Naissance de Jésus.

Au premier plan dans une cabane ouverte, la Vierge et saint Joseph sont en adoration devant l'enfant Jésus endormi ; au fond se déroule un paysage très-étendu, les chemins sont couverts de cavaliers qui arrivent en cortége pour adorer l'enfant Dieu.

Haut., 30 cent.; larg., 21 cent.

CARO

(BALTHASAR DI)

4 — Vautour enlevant un canard.

D'autres canards effrayés s'enfuient en criant.

Haut., 1 met., 90 cent.; larg., 1 met., 50 cent.

VAN DICK

(ANTOINE)

5 — Portrait d'homme.

Ce portrait, très-largement et très-vigoureusement

peint, représente un gentilhomme vêtu d'un pourpoint
noir, fraise blanche plissée au cou, et portant les
cheveux courts.

Haut., 50 cent.; larg., 39 cent.

FRAGONARD

(HONORÉ)

6 — Le Baiser.

Ce petit tableau est très-célèbre par la gravure et
les reproductions qui en ont été faites, il a tout le
charme que cet artiste savait mettre dans ses compo-
sitions.

Forme ovale. Haut., 28 cent.; larg., 30 cent.

FRANCIA

(RAIBOLINI FRANÇOIS)

7 — Vierge et enfant Jésus.

La Vierge, vue à mi-corps, tient l'enfant Jésus devant
elle, assis sur un livre qui repose sur une balustrade
en pierres. Dans le fond un paysage très-étendu.

Haut., 60 cent.; larg., 43 cent.

GRIMOU

8 — Un hallebardier.

Portrait à mi-corps d'un gentilhomme portant cuirasse et habit rouge, la tête nue ; il tient à la main une hallebarde.

Daté 1723. — Haut., 81 cent.; larg., 64 cent.

JANSON VAN KEULEN

(CORNEILLE)

9 — Portrait d'un seigneur de la cour de Charles II.

Il est représenté en buste, vêtu de noir, col blanc rabattu, cheveux longs et bouclés, visage fin et distingué, sa lèvre est ornée d'une légère moustache.

Haut., 52 cent.; larg., 41 cent.

LEBRUN

(CHARLES)

10 — Portrait de son père et de lui-même.

Les deux artistes sont réunis, le père appuyé sur une table couverte d'un tapis pose une de ses mains sur une figure de plâtre, de l'autre il écrit au crayon. Charles Lebrun est debout auprès de lui.

Haut., 1 met., 14 cent.; larg., 1 met.,

VIGÉE LEBRUN

(Mᵐᵉ)

11 — Son portrait en 1776.

Rien n'est plus charmant et plus gracieux que ce portrait, jeune et vivant, coiffé d'un petit chapeau noir à plumes, les cheveux blonds bouclés et retombant sur les épaules ; la robe blanche entourée d'une mante noire, ceinture rose et nœud de ruban au cou.

C'est un des meilleurs portraits de Madame Lebrun.

. Forme ovale. Haut., 58 cent.; larg., 49 cent.

LÉPICIÉ

12 — Portrait de Pigalle sculpteur.

Haut., 30 cent.; larg., 24 cent.

LINGELBACH

(JEAN)

13 — Chasse au cerf.

Des cavaliers et des chiens forcent un cerf qui s'est jetté à l'eau.

Haut., 22 cent.; larg., 29 cent.

LUTI

(BENEDETTO)

14 — Madeleine dans sa grotte.

Vente Beaucousin.

Haut., 45 cent.; larg., 36 cent.

VANDER MEULEN

(ANTOINE)

15 — Retour de chasse au château de Chambord.

Louis XIV entouré de nombreux cavaliers rentrant au château de Chambord, on aperçoit au second plan la façade du château entouré d'étangs et de marais.

Haut., 74 cent.; larg., 98 cent.

MEIJER

(HENDRIC)

16 — Paysage.

Ce paysage peint dans le sentiment de Wynants est animé de quelques figures.

Date 1777.—Haut., 45 cent.; larg., 36 cent.

MURILLO

(ESTEBAN)

17 — Portrait d'un gentilhomme de la cour de Philippe IV.

Il est tout 'jeune et élégamment vêtu d'un costume noir, les cheveux courts et frisés, un grand nœud de ruban rouge retient sa cravate de dentelle.

Forme ovale.—Haut. 69 cent.; larg., 55 cent.

NATTIER

18 — Portrait de la princesse de Conty.

Louise-Diane d'Orléans, fille du Régent, princesse de Conty, est représentée sous les traits de Flore; assise sur des nuages, elle laisse tomber des fleurs de ses mains, elle est vêtue d'un élégant costume blanc et bleu.

Ce charmant portrait est gravé.

Haut., 1 mèt. 19 cent.; larg., 98 cent.

POELENBURG

(CORNEILLE)

19 — Paysage italien avec figures.

Haut., 23 cent.; larg., 31 cent.

PORBUS

(FRANZ)

20 — Portrait d'Élisabeth de France, fille de Henri IV et femme de Philippe IV.

Elle est revêtue d'un riche costum e rouge brodé d'or et orné de perles, une grande c ollerette relevée, les cheveux blonds attachés par des rubans, elle tient à la main un éventail.

Haut., 1 mèt. 10 cent.; larg., 86 cent.

PONTORMO

(JACOPO CARRUCCI)

21 — Son Portrait.

Il est vétu de noir et tient une lettre ouverte
dans ses mains.

Haut., 85 cent.; larg., 67 cent.

RAPHAEL

**22 — Portrait de Marc Antoine, graveur, peint
vers 1510.**

Ce petit portrait, qui faisait partie de la célèbre
collection de Filippi, est d'un grand intérêt; son mé-
rite a été confirmé par les autorités les plus compé-
tentes depuis qu'il est en la possession de M. J.
Reiset.

Le célèbre graveur est vu presque de face, re-
vêtu du costume de l'époque, coiffé d'une toque
noire, les cheveux longs et portant barbe et moustache.

Vente de Filippi.

Haut., 12 1/2 cent.; larg. 9 cent.

REMBRANDT

(VAN RYN)

23 — Portrait de femme.

La tête est vue de profil, les cheveux blonds, frisés et relevés, le cou orné d'un collier de perles et entouré d'une grande collerette de guipure qui se détache sur les beaux noirs de la robe.

C'est un portrait plein de caractère et de distinction.

Forme ovale.—Haut., 67 cent.; larg., 53 cent.

ROBERT

(HUBERT)

Suite de quatre panneaux de décoration provenant de l'hôtel de la Vrillières.

24 — Le Jet d'eau.

Au milieu des grands arbres d'un parc, s'élève une terrasse de pierres ornées de balustrades et de statues et entourant une pièce d'eau d'où s'échappe un jet immense qui se perd dans les nuages du ciel.

De grandes nappes d'eau coulent dans un bassin au premier plan.

Ce tableau est orné de quelques figures.

Haut., 1 mèt. 90 cent.; larg., 1 mèt. 39 cent.

25 — Le Temple.

Un temple en ruines se détache sur le ciel au sommet de rochers escarpés; au bas, le rocher fait voûte et livre passage à un chemin bordant une rivière et sur lequel passent des figures et des animaux.

Haut., 1 mèt. 90 cent.; larg., 1 mèt. 39 cent.

26 — Le Pont de bois.

Un pont de bois jeté sur un torrent relie deux masses de rochers, dont l'une est couronnée d'un château fort et l'autre de grands arbres.

On voit au fond un horizon de montagnes.

Quelques figures et des animaux traversent le pont, en bas sont des pêcheurs tirant leurs filets.

Haut.. 1 mèt. 90 cent.; larg., 1 mèt. 39 cent.

27 — La Cascade.

Un vieux château orné de tours occupe le som-

met d'immenses rochers d'où sort un torrent roulant
en cascades.

Des hommes conduisant des mulets chargés passent sur un chemin qui borde le torrent.

Haut., 1 mèt. 90 cent.; larg., 1 mèt. 39 cent.

ROBERT

(HUBERT)

*Suite de quatre autres panneaux de décoration provenant
de l'hôtel de la Vrillières.*

28 — La Terre.

Des rochers entassés les uns sur les autres et au
bas desquels s'ouvre un souterrain.

29 — L'Air.

Un grand arbre battu par le vent et dans lequel
s'est accroché un cerf-volant.

30 — Le Feu.

Un coin de la façade d'une maison qu'un incendie
commence à dévorer.

31 — L'Eau.

Une immense cascade tombant du haut de rochers escarpés.

Ces quatre petits panneaux de forme longue et très-étroite sont composés de la façon la plus ingénieuse.

Haut., 1 mèt. 98 cent.; larg., 37 cent.

ROBERT

(HUBERT)

32 — Ruines d'un temple grec.

Tableau animé d'un grand nombre de figures.
Vente Radziwil.

Haut., 46 cent.; larg., 65 cent.

RUYSDAEL

(SALOMON)

33 — Vue de Hollande.

Des barques à voiles sillonnent l'Escaut qui du premier plan s'étend au loin, bordé d'habitations entourées d'arbres.

Haut., 35 cent.; larg., 43 cent.

RUYSDAEL

(SALOMON)

34 — Paysage.

Un bouquet d'arbres occupe le centre du tableau, au premier plan, une mare entourée de buissons et à gauche un horizon très-étendu.

Haut., 34 cent.; larg., 45 cent.

ZURBARAN

35 — Portrait en pied d'un gentilhomme

Il porte la cuirasse et l'épée et tient à la main un bâton de commandement, il est coiffé d'une toque rouge à plumes.

Haut., 1^m,25 cent.; larg., 63 cent.

ÉCOLE DE CLOUET

36 — Portrait de Marguerite de Valois, reine de Navarre, sœur de François Ier.

Haut., 57 cent.; larg., 47 cent.

ECOLE DE VAN DICK

37 — Portrait d'homme.

Étude.

Haut., 19 cent.; larg., 15 cent.

———

DESSINS

BACKHUYSEN

(LUDOLF)

38 — Barque hollandaise abordant au port.

Lavis.

DELATOUR

(MAURICE-QUENTIN)

39 — Portrait de l'artiste.

Il s'est représenté en buste, habit bleu, cravate blanche et jabot, cheveux poudrés. Le visage tourné de trois quarts est souriant et animé.
Pastel provenant de la vente Boitelle.

Haut., 44 cent.; larg., 35 cent.

ROBERT

(HUBERT)

40 — Ruines.

Aquarelle.

TABLEAUX MODERNES

CALAME

41 — Étude de rochers au-dessous du Grindel-wald.

Haut., 34 cent.; larg., 51 cent.

BIDAULT

42 — Paysages.

Quatre panneaux de décoration provenant du boudoir de madame Tallien et représentant des paysages ornés de figures.

Haut., 98 cent.; larg., 41 cent.

INGRES

43 — **Portrait de femme** (daté 1806).

Ce portrait est connu dans l'œuvre de M. Ingres
sous le nom de *la belle Zélie*, ou *la Dame de* 1806.
Il fut acheté par M. Reiset à la vente Marcille ;
il est d'une grande originalité de coiffure et de
costume. Les cheveux courts, retenus derrière la téte
par un peigne d'écaille, sont roulés en boucles sur le
front ; le cou est orné d'un collier de perles, les épaules sont couvertes d'un châle rouge, la robe est mar-
ron.

Forme ovale. — Haut., 60 cent. larg., 50 cent.

ISABEY

(EUGÈNE)

44 — **Enfants jouant sur la terrasse d'un parc.**

Haut., 22 cent. ; larg., 32 cent.

JACQUE

45 — Brebis et agneaux paissant à l'entrée d'un bois.

Haut., 17 cent.; larg., 21 cent.

LONGUET

46 — Nymphe offrant une rose à l'Amour.

Haut., 45 cent.; larg., 33 cent.

PEZOUS

47 — Le vieux droguiste.

Haut., 26 cent.; larg., 21 cent.

ROUSSEAU

(PHILIPPE)

48 — Meute au chenil.

Haut., 23 cent.; larg., 32 cent.

ROUSSEAU

(THÉODORE)

49 — Mare sous de grands arbres.

Étude.

Haut., 25 cent. ; larg., 31 cent.

LITHOGRAPHIES

En feuilles et en volumes.

50 — OEuvres de *Charlet*. Albums depuis 1818 jusqu'en 1839. Neuf volumes reliés contenant 770 feuilles.

Belles épreuves.

51 — OEuvres de Charlet. Un portefeuille de lithographies contenant 170 feuilles.

Belles épreuves.

52 — Album de lithographies par *E. Lami Bellangé, Prout* et *Raffet* parmi lesquelles l'album de 1837, 13 feuilles, une belle épreuve de la *grande revue. Siége de Constantine,* 18 feuilles, etc.

Un volume relié.

53 — Un portefeuille de lithographies en feuilles de *Bellangé. Isabey,* etc.

54 — Album de gravures et lithographies, sujets de chasse par *Carle* et *Horace Vernet, Victor Adam, Aubry, A. De Dreux, Francis, Turner* et *Gengembre.*

Un volume relié.

55 — Album de la France pittoresque, par *Boys*.

Un volume relié.

56 — Spanish Sketches, par *Roberts*.

Un volume relié.

57 — Alkinson's Sketches in Affghanistan.

Un volume relié.

58 — Un album. Souvenirs du bal costumé donné à la cour de Londres en 1837.

Un volume relié.

59 — Un album. Lithographies. — Vues de Bade et de ses environs, par *J. Coignet*.

Un volume relié.

60 — La Chine et les Chinois, par *Borget et Ciceri*.

Un volume relié.

61 — La galerie du Palais Royal, par *J. Couché*, graveur du roi.

Un volume relié.

62 — Anacréon, par *Girodet*.

Un volume relié

63 — Description des antiquités et objets d'art composant le
cabinet L. Fould, par *Chabouillet*.

Un volume relié.

64 — Egypte, Palestine, Nubie, Syrie, publication photogra-
phique par *Maxime Ducamp*.

Un volume relié.

65 — Les Vierges de Raphaël.

Co'lection de 12 planches gravées par les meilleurs artistes français, avec texte.

Publication de Furne et Perrotin.

66 — Quelques gravures anciennes.

OBJETS D'ART ET DE CURIOSITÉ

Bijoux

70 — Très-petite et charmante miniature ovale sur vélin, par
Van Blarenberghe, représentant une fête champêtre.
Elle est montée sur une petite boite ovale en or ciselé
de style Louis XVI.

71 — Bonbonnière ovale en cristal de roche gravée à ornements. Elle est montée à gorge à charnière en or ciselé à
fleurs et ornements.
Époque Louis XV.

72 — Autre bonbonnière ovale en cristal de roche uni, taillé
à cuvette. Monture à gorge à charnière en or gravé et
bec orné d'un rubis et de roses.

73 — Boîte à deux tabacs en forme de coquille à double
valve en caillou d'Égypte, montée à gorge à charnière
en or finement ciselé à ornements rocaille et mascarons.
Époque Louis XV.

74 — Jolie boîte en forme de souris en agate avec yeux en rubis. Monture à gorge à charnière en or.

75 — Bonbonnière ronde en écaille blonde incrustée d'or de couleur et galonnée en or. Elle a appartenu à la reine Marie-Antoinette et provient de la vente Ducreux.

76 — Petite boîte en forme de carlin assis en ancienne porcelaine de Saxe montée en argent doré. La tête est mobile et sert de bouchon au flacon.

77 — Grande boîte carrée en ancienne porcelaine de Saxe décorée à l'extérieur d'un morceau de musique : *Aria, del sig. Fiorillo*, et à l'intérieur de monuments et de figures. Monture en argent doré. Vente Lablache.

78 — Boîte carrée en émail de Saxe décorée de figures dans des paysages, dans le style de Watteau. et encadrements d'or.

79 — Boîte carrée en ancienne porcelaine de Saxe décorée de fleurs à l'extérieur et de figures mythologiques à l'intérieur du couvercle.

80 — Boîte carrée en émail de Saxe à quadrillages gaufrés en relief et décor de fleurs. Portrait de jeune homme à l'intérieur du couvercle.

81 — Très-bel étui-écritoire en vernis de Martin, décoré de fleurs sur fond d'or. Époque Louis XV.

82 — Gros étui en vernis de Martin à ornements d'or sur fond vert. Même époque.

83 — Breloque formée d'un carrosse traîné par deux chevaux
en or ciselé. Époque Louis XVI.

84 — Joli porte-plume et porte-crayon en or de couleurs ciselé. Époque Louis XVI.

85 — Lorgnette en biscuit de Wedgwood à figures et ornements réservés en blanc sur fond bleu et garnie en argent.

86 — Jolie boite ronde, en vernis de Martin, à fond d'or guil-
loché. Le dessus est décoré d'un sujet pastoral, d'après
Lancret; le pourtour et le fond présentent des sujets
champêtres. Collection du baron de Saint-Pierre.

87 — Bonbonnière modèle ballon, du temps de Louis XVI,
en or émaillé gros bleu étoilé d'or, filets blancs et cordons
d'or à torsades.

88 — Jolie boîte de forme contournée, en jaspe sanguin montée
en or et enrichie d'ornements rocaille et de fleurs en or
repoussé, dans le style de De Besches. Époque Louis XV.

89 — Très-jolie petite bonbonnière ovale en écaille blonde
montée en or de couleur finement ciselé. Le dessus est
orné d'une miniature sur vélin représentant le portrait
d'une jeune femme vêtue de blanc portant un nœud rouge
sur la poitrine et la tête poudrée. Époque Louis XVI.

90 — Charmante petite bonbonnière modèle ballon, en ancienne porcelaine de Saxe, décorée de sujets de style Watteau et montée à gorge à charnière en or. Époque
Louis XV.

91 — Jolie montre du temps de Louis XVI, en forme de mandoline, en or émaillé de diverses nuances et enrichie de demi-perles.

92 — Bel étui à cire du temps de Louis XV en or de couleurs ciselé à fleurs en relief sur fond gravé rayonnant.

93 — Petit étui en peau de chagrin renfermant deux flacons en cristal garnis en or avec bouchons formés d'oiseaux en émail, et une petite boite à miroir en or repoussé à figure d'amour et ornements rocaille. Époque Louis XV.

94 — Eventail du temps de Louis XVI avec monture d'ivoire et feuille peinte sur ses deux faces, représentant des scènes tirées d'une comédie de l'époque.

95 — Autre éventail Louis XVI avec monture en ivoire; la feuille peinte est rehaussée de parties nacrées et de paillettes.

96 — Petit éventail avec monture d'ivoire peint et montants en écaille posée d'ornements d'argent. La feuille peinte représente un port de mer. Époque Louis XV.

97 — Quatre petites cuillers en argent niellé et doré. Travail de Toula.

98 — Couteau et fourchette à manches d'ivoire formés chacun d'une figurine d'homme et de femme debout en costumes du temps de Louis XIV. Les garnitures sont en argent.

99 — Boite renfermant cent échantillons d'agates et jaspes de diverses nuances.

100 — Trois boutons japonais en ivoire sculpté. L'un d'eux
représente deux rats rongeant une lanterne de papier.

101 — Petite montre Louis XVI en or ciselé à bustes et trophées d'armes.

102 — Autre petite montre Louis XVI eu or ciselé, enrichie
d'un portrait de femme peint sur émail.

103 — Grande et très-belle plaque de ceinture en jade blanc
laiteux, composée de dragons enroulés formant des arabesques très-élégantes, finement gravées et repercées à
jour. Travail chinois.

104 — Jolie miniature ovale sur ivoire attribuée à Parant.
Portrait de femme vue de profil et tournée vers la gauche. Cadre en or et tablette de velours rouge.

105 — Très-petite bonbonnière ronde, le fond en agate rosée
et le dessus en jaspe sanguin. Monture à gorge en or.

106 — Jolie coupe ronde et creuse sur pied à balustre en jaspe
fleuri de Sicile, avec anneau en or émaillé. XVIe siècle.
Vente Daigremont.

107 — Avant-bras et main gauche d'une femme, en marbre
blanc, dont l'index est garni d'une bague en or émaillé
avec chaton orné d'une émeraude. Ce marbre faisait
partie du cabinet des ducs de Modène et provient de la
collection Pourtalès.

108 — Couteau et fourchette à manches incrustés d'ornements très-fins en or et en argent. Époque Louis XIII.

109 — Petit váse de forme ovoïde en spath-fluor sur socle
carré, en marbre noir.

Sculptures

110 — Terre cuite. — Joli petit buste de femme couronné de
roses, attribué à Clodion.

111 — Terre cuite peinte. — Deux jolis petits chiens couchés
avec yeux d'émail, par Tremblay. Portraits des deux
chiens favoris de madame de Pompadour. Époque
Louis XV. Vente Norzy.

112 — Ivoire. — Petit groupe de deux enfants jouant avec un
chien. Travail de Dieppe.

Médailles et Bronzes d'art

113 — Belle médaille en bronze doré. — Buste de Catherine
de Médicis tourné vers la droite. CATHAR. HEN. II.
VXOR. FRAN. II. CAROL. IX. ET. HEN. III. REG.
GALL. MATER. PIISS. — ℞. Trois têtes de profil.
FRANCISC. II. CAROL. IX. REGES. GALL. HENRIC. III.
GALL. ET. POL. REX. Collection Rattier.

114 — Très-belle médaille en bronze. — Buste de Diane de
Poitiers tourné vers la gauche. DIANA. DVX. VALEN-
TINORVM. CLARISSIMA. — R. Deux figures allégori-
ques de l'Abondance. ORITVR. ET. LACTE. VIRESCIT.
Collection Rattier.

115 — Statuette égyptienne antique. — Chat assis en bronze
incrusté d'or et d'argent. Belle patine et belle conservation. Vente Louis Fould.

116 — Aiguière de forme très-élégante à panse ovoïde, en
bronze, entièrement couverte de fines arabesques gravées de style arabe. Travail italien du xvi⁰ siècle. L'anse,
ornée d'une cariatide de femme et d'un mascaron, est
d'une époque postérieure. Collection de M. le baron de
Monville.

117 — Figurine d'Amour tirant de l'arc, supportée par trois
figurines d'enfants debout. Bronze italien du xvi⁰ siècle.

Faïences

118 — Aiguière de forme antique, en faïence italienne portant les armes des Médicis soutenues par deux figures
de génies.

119 — Deux vases de forme ovoïde en ancienne faïence de
Delft à décor en camaïeu bleu dans le type des faïences
de Rouen.

120 — Pied de salière de forme triangulaire en ancienne faïence de Bernard Palissy, orné de cariatides reliées entre elles par des palmettes et surmonté de trois petits lions couchés. Belle épreuve.

121 — Très-grand plat en ancienne faïence de Rouen, décoré d'ornements en camaïeu bleu.

122 — Plat ovale à contours en ancienne faïence de Suède, décoré de fleurs et d'armoiries.

123 — Petit plateau rond à bords festonnés en ancienne faïence de Castelli, décoré d'une figure d'Amour dans un paysage.

124 — Trois salières en ancienne faïence de Strasbourg, décorées de fleurs.

125 — Corbeille à jour avec couvercle en faïence blanche de Wedgwood.

Verrerie

126 — Deux flambeaux en verre de Venise à pieds ornés d'arêtes saillantes et tiges à fleurs de couleurs.

127 — Deux verres de Venise incolores à arêtes saillantes et filets filigranés d'émail blanc.

128 — Six verres de Bohême à armoiries gravées et bord doré.

129 — Joli verre à bord festonné finement gravé à sujet de chasse. Le pied a été recollé.

130 — Six petits verres de Bohême forme coquille, à bord gravé avec plateau.

131 — Six gobelets en verre de Bohême gravés à paysages et inscriptions.

132 — Flacon en verre de Bohême très-finement gravé.

133 — Trois gourdes et trois verres à vin du Rhin en verre de Bohême.

Porcelaines de Sèvres

134 — Belle tasse trembleuse en ancienne porcelaine de Sèvres, pâte tendre, fond bleu de Vincennes et médaillons de paysages. Epoque Louis XV.

135 — Encrier avec couvercle et plateau en ancienne porcelaine de Sèvres, pâte tendre, fond bleu de roi rehaussé d'ornements dorés et décoré de médaillons de fleurs et de papillons.

136 — Deux jolies salières de forme contournée en ancienne porcelaine de Sèvres, pâte tendre, fond bleu de roi et médaillons d'oiseaux.

137 — Tasse droite avec soucoupe en ancienne porcelaine de
Sèvres, pâte tendre, fond violacé, décorée d'insectes,
d'oiseaux et de fleurs. Vente Doche.

138 — Sucrier à deux anses avec couvercle et soucoupe en
ancienne porcelaine de Sèvres, pâte tendre, décoré de
fleurs sur fond blanc.

139 — Pot à crème en ancienne porcelaine de Sèvres, pâte
tendre, fond bleu de roi et fleurs.

140 — Trois grands et beaux groupes en ancien biscuit de
Sèvres représentant des sujets de chasse avec figures,
chevaux, chiens, animaux, etc. Ils proviennent du Cabinet du roi Louis XV.

141 — Tasse droite avec soucoupe en vieux Sèvres, pâte dure,
fond vert et médaillons trophées de musique.

142 — Service de table en porcelaine de Sèvres (1843) fond
gris perle et décor d'or avec médaillons renfermant des
paysages et des animaux. Il se compose de quarante-huit
assiettes, huit compotiers, deux plateaux à bonbons et
deux sucriers.

143 — Deux assiettes en porcelaine moderne de Sèvres à ornements gaufrés en relief sur fond bleu et médaillons de
paysages.

144 — Grande tasse avec soucoupe en Sèvres dur décoré de
quadrillages et de fleurs.

Porcelaines de Saxe et autres

145 — Grande et belle figure de femme en ancienne porcelaine
de Saxe. Elle porte un riche costume à panier et repose
sur un pied à angles coupés décoré d'or.

146 — Vase en ancienne porcelaine de Saxe reposant sur une
terrasse ornée d'un groupe de figures et entouré de bran-
ches de fleurs en haut relief et d'une figure de singe.

147 — Jolie pendule en ancienne porcelaine de Franckenthal
composée de deux figures de femmes assises, costumées
à l'oriental et supportant le mouvement dont la monture
est en bronze doré. Cette pièce provient du château de
Schwetzingen.

148 — Figurine de femme debout tenant un éventail en ancienne porcelaine de Saxe.

149 — Tonnelet en ancienne porcelaine de Saxe décoré de
médaillons de paysages et d'ornements. Il provient de
la vente Norzy.

150 — Petit cabaret solitaire en ancienne porcelaine de Saxe,
décoré de jeux d'amours dans des paysages et bords
imbriqués rouge. Il se compose d'un petit plateau ovale
à contours, d'une théière, d'un sucrier et d'une tasse
avec soucoupe.

151 — Cabaret en ancienne porcelaine de Saxe, fond jaune et
médaillons de paysages. Il se compose d'une theière,
d'un sucrier, d'une boîte à thé et de deux tasses avec
soucoupes, modèle à pans. La plupart des pièces sont
dorées à l'intérieur.

152 — Deux petits vases à pans en ancienne porcelaine de
Saxe, fond jaune et médaillons de paysages. Ils sont
montés à anses et piédouches en bronze doré.

153 — Deux petites tasses à quatre lobes en ancienne porcelaine de Saxe, fond bleu clair et médaillons de paysages,
montées à anses et piédouches en bronze.

154 — Belle tasse avec soucoupe en ancienne porcelaine de
Saxe, décorée de sujets d'après Watteau et dentelle
d'or.

155 — Autre tasse avec soucoupe en ancienne porcelaine de
Saxe, décorée de paysages et dentelles d'or.

156 — Tasse droite avec soucoupe en vieux Saxe, décorée
d'oiseaux et bord à imbrications d'or sur fond bleu.

157 — Tasse avec soucoupe en porcelaine de Saxe, fond gros
bleu et médaillons de fleurs encadrés d'or.

158 — Ecuelle avec couvercle et plateau en porcelaine d'Allemagne décorée de fleurs et dentelles d'or.

159 — Sucrier avec couvercle et assiette en vieux Saxe à ornements gaufrés et décorés de fleurs.

160 — Tasse haute avec soucoupe en ancienne porcelaine de
Saxe à bords gaufrés et décorée de sujets dans le style
de Watteau en camaïeu rouge.

161 — Plateau ovale avec bordure à jour en ancienne porcelaine de Franckenthal décoré d'oiseaux. Belle qualité.

162 — Quatre tasses de forme arrondie en ancienne porcelaine
de Saxe, décorées de fleurs.

163 — Dix petites tasses sans anses, avec soucoupe, de mêmes
porcelaine et décor.

164 — Tasse avec soucoupe en ancienne porcelaine de Saxe, à
fleurs gaufrées en relief de décor de fleurs.

165 — Jolie tasse avec soucoupe en ancienne porcelaine de
Frankenthal, fond bleu de roi et décor d'oiseaux dans
des paysages.

166 — Deux tasses avec soucoupes en porcelaine de Saxe à
ornements en relief sur fond bleu et décor de fleurs et
d'insectes.

167 — Corbeille ronde en ancienne porcelaine de Frankenthal
à ornements gaufrés et décor de fleurs.

168 — Assiette en ancienne porcelaine de Berlin à bord gau-
fré et décor de fleurs.

169 — Cabaret en ancienne porcelaine de Hœchst près Mayence, décoré de fleurs et d'ornements. Il se compose d'un
plateau ovale, deux tasses avec soucoupes et quatre
grandes pièces.

Porcelaines diverses.

170 — Beau cabaret en ancien biscuit de Wedgwood à ornements gaufrés en relief sur fond bleu. Il se compose d'un grand plateau rond, d'une théière, d'un sucrier, d'un pot à crème, d'un bol et de deux tasses avec soucoupes.

171 — Deux compotiers modèle coquille, deux beurriers et un pot à crème en porcelaine de Clignancourt, décorés de fleurettes et d'or.

172 — Petit cabaret de même porcelaine décoré de fleurettes d'or.

173 — Pot à eau avec cuvette en porcelaine dure, décoré de fleurettes en couleurs et or.

174 — Trois cafetières et une tasse en porcelaine d'Allemagne de décors variés.

175 — Sept pots à crème en porcelaine de Mayence à décors d'or.

Porcelaines de Chine

176 — Vase modèle balustre en porcelaine de Chine, émaillé
rouge haricot, socle en bois sculpté.

177 — Quatre plats ronds en ancienne porcelaine de Chine
décorés de fleurs en émaux de la famille rose.

178 — Deux plats ronds en ancienne porcelaine de Chine, décorés au centre d'un médaillon de paysage, et au bord
de fleurs et d'ornements.

179 — Soupière oblongue avec plateau en ancienne porcelaine de l'Inde, décorée de fleurs.

180 — Quatre plats de mêmes porcelaine et décors, dont un
rond et trois de forme oblongue.

181 — Deux compotiers en ancienne porcelaine du Japon, à
décors en bleu, rouge et or ; à fleurs et ornements.

182 — Deux pièces : salière et tasse avec soucoupe en ancienne porcelaine de Chine.

Laques

183 — Très-beau pupitre en laque rouge du Japon avec tablette en laque noir décorée d'un beau paysage avec figures en relief et couleurs. Garniture en cuivre gravé à ornements dorés en partie. Très-belle qualité.

184 — Grande et belle boîte carrée à angles arrondis et couvercle à recouvrement en laque avanturiné du Japon, décorée d'oiseaux, d'animaux et d'arbustes en or, et fond de toile vernis rouge. Collection du général Ventura.

185 — Boîte-écritoire de forme carrée et plate à angles arrondis, décorée de chevaux dans un paysage en or et en couleurs sur fond noir pailleté d'or. Laque du Japon. Vente Morny.

186 — Boîte en laque noir à damier argenté.

Objets variés

187 — Un couteau de chasse avec garniture en argent ciselé à sujets de chasse. Époque Louis XV.

188 — Couteau de chasse analogue, avec poignée en corne de cerf.

189 — Autre couteau de chasse garni en argent.

190 — Très-belle lame de sabre japonais.

191 — Belle guitare incrustée d'ivoire à doubles cordes,
ayant appartenu, dit-on, à Louis XIII.

192 — Joli soufflet entièrement en ivoire sculpté à ornements
et fleurs de lys portant deux L enlacées. Il provient,
dit-on, des appartements de la reine Marie-Antoinette,
à Trianon.

193 — Pendule Louis XVI en marbre bleu turquin enrichie
d'ornements en bronze ciselé et doré, et surmontée du
groupe connu sous le nom de : *Baiser d'Houdon*.

194 — Paire de pistolets, dits coup de poing, avec monture
d'ivoire.

195 — Petite boîte rectangulaire en mosaïque de Bombay,
ivoire teint en vert, ébène et étain sur fond d'ivoire.

196 — Masque de Henri IV en fonte de fer.

Meubles

197 — Cabinet en bois d'ébène à moulures guillochées et pla-
qué d'écaille. Les deux portes, ainsi que les tiroirs,
sont enrichis de peintures sur cuivre, par Van Balen,
représentant des sujets mythologiques.

198 — Joli coffret du temps de Louis XIV en marqueterie de Boule, cuivre sur écaille de l'Inde. Belle conservation.

199 — Bureau à cylindre en marqueterie de bois à fleurs et trophées de musique, garni de chutes et d'anneaux en bronze doré. Époque Louis XV.

200 — Commode à trois tiroirs en marqueterie de bois à fleurs. Époque Louis XIV.

201 — Commode Louis XV à trois rangs de tiroirs en marqueterie de bois.

202 — Grand bahut en bois de chéne sculpté avec panneaux de style gothique fleurdelisés et serrure en fer.

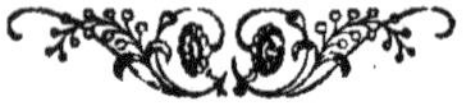